BIOGRAPHIE

DE

NAPOLÉON III

BADINGUET

EMPEREUR DES FRANÇAIS

Par MARFORI

Prix . 50 centimes

PARIS, CHEZ L'AUTEUR

1870

SOMMAIRE DES CHAPITRES :

I. Sa naissance; ses exploits de jeunesse. — II. Strasbourg, Boulogne. — III. Evasion de Ham; séjour en Angleterre; retour à Paris après la révolution de 1848. — IV. Présidence; coup d'Etat; dictature. — V. L'Empire; sa chute. — Anecdotes.

AVANT-PROPOS

> Pendant huit années, Louis Bonaparte ne s'est préoccupé que des projets les plus insensés, celui de Strasbourg était le plus raisonnable ; du reste c'est un homme très médiocre et profondément entêté.
> (James FREZY).

> Je m'étais figuré qu'un Bonaparte pouvait être autre chose qu'un assassin.
> (ROCHEFORT).

Les nations sont comme les riches et les puissants ; quand Dieu veut les châtier il les frappe d'aveuglement : c'est ainsi que la France, le pays qui a rendu le plus de services à la liberté humaine, la France qui a été le grand pionnier de la civilisation, la France s'est laissé écraser pendant 18 années par le despote le plus abject que la terre ait porté.

Oui, la France a dévoré en silence ces 18 années d'infamies, muselée qu'elle était par une bande d'escrocs et d'assassins.

II

La plus grande part de honte revient à vous magistrats du second empire! Dès vos débuts vous avez aidé Napoléon III à voler les princes d'Orléans; vous êtes devenus vils et serviles; vous aviez perdu toute pudeur et tout honneur; vos arrêts n'inspiraient plus que le mépris le plus profond; vous n'étiez que des janissaires civils en robes longues occupés seulement à plaire au maître : et quand vous alliez courber l'échine aux Tuileries, vous reveniez heureux d'avoir obtenu un sourire de ce sombre imbécile.

Vous êtes experts, Messieurs, en crimes et en forfaits, hé bien! lisez ces pages véridiques, puisées aux sources historiques les plus authentiques.

BIOGRAPHIE
DE
NAPOLÉON III

I.

Sa naissance. — Ses exploits de jeunesse.

Charles-Louis-Napoléon Bonaparte, troisième fils (1) d'Hortense de Beauharnais, femme de Louis Bonaparte, roi de Hollande, est né à Paris le 20 avril 1808.

La rumeur publique lui a donné pour père, tantôt le général comte de Flahaut, tantôt l'amiral hollandais comte de Verhuell, ni l'un ni l'autre de ces deux pères ne serait le réel s'il faut en croire le prince Pierre Dolgoroukow (2); le véritable père de l'ex-despote de la France serait le comte de Bylant, major hollandais, chambellan du roi Louis.

Dans les derniers jours du mois d'avril 1808, le roi Louis qui se trouvait en Hollande, reçut la nouvelle que le 20 de ce mois, sa femme était accouchée à Paris d'un fils. Il ne voulut point reconnaître cet enfant, comme plus tard il ne voulut jamais reconnaître M. de Morny; lorsqu'arrivèrent de Paris la nouvelle que, le nouveau né allait être baptisé français et prince de Hollande et l'ordre impérieux de Napoléon au roi Louis *d'avoir à reconnaître l'enfant immédiatement*, ordre daté de Bayonne où se trouvait Napoléon.

(1) Le premier fils de la reine Hortense, prince Napoléon, mort à l'âge de cinq ans, était le fruit de l'inceste de l'empereur Napoléon avec sa belle-fille la reine Hortense.
Le deuxième fils, Napoléon-Louis, né en 1804, est mort de la petite rougeole à Rome en 1831.
(2) Voyez *la France sous le régime Bonapartiste*, p. 58.

Sa mère qui donnait à tout le monde le don *d'amoureuse merci*, sa mère, elle-même, n'était pas bien fixée sur sa paternité ; autant qu'elle a pu se reconnaître au milieu de ses croisements sans nombre, notre bonne poulinière a pensé qu'elle devait à l'amiral Verhuell ce fruit issu de ses flancs généreux.

Louis Napoléon, en effet, ne ressemble en rien au type bien connu des Bonaparte ; il a le nez long et busqué, les yeux bridés, le regard troublé et vague et les moustaches épaisses ; avec une physionomie que l'anxiété et la frayeur ont l'habitude de rendre d'une pâleur verdâtre et à laquelle un des sénateurs actuels a trouvé une ressemblance parfaite avec la figure d'un *perroquet ayant avalé de travers*.

La bâtardise de Louis Bonaparte est donc constatée, si bien que dans sa famille nul n'en doute ; son cousin, le fils de Jérôme, lui dit un jour : « Vous savez que notre sang ne coule pas dans vos veines ! »

Né d'une mère impudique, Louis Bonaparte a commencé par voler son nom ; quelle noble origine ! Saluez donc, courtisans ! !

Quelque temps après les Cent jours, la reine Hortense acheta en Suisse, non loin du lac de Constance, le domaine d'Arenemberg ; et, sous le nom de la duchesse de St-Leu, elle s'y établit avec ses deux fils : c'est là où le bâtard hollandais rêva d'être empereur des Français. Ce fut son idée fixe, il l'a poursuivie par tous les moyens les plus vils et les plus odieux. Il comprenait bien qu'il lui serait impossible de conquérir l'empire, comme l'avait fait son oncle prétendu, mais il se sentait capable de le filouter par des manœuvres frauduleuses, de l'escroquer par le parjure et la trahison et de l'arracher par le vol et l'assassinat.

En attendant cette audacieuse entreprise, voici ses premiers exploits de jeunesse.

En 1828, il sollicita avec son frère aîné de l'empereur Nicolas l'autorisation de faire campagne avec l'armée russe ; cette autorisation lui fut refusée. Ils se rendirent alors à Rome où ils s'affilièrent aux sociétés secrètes. — En 1831, ils prirent part au soulèvement que l'on connaît. —

L'aîné, Napoléon-Louis, marié à sa cousine germaine Charlotte Bonaparte, y mourut de la rougeole le 17 mars; mais le second (notre héros) se sauva pour échapper aux troupes autrichiennes, et vint se réfugier en France avec sa mère.

Arrivée à Paris avec son fils, Hortense s'empressa d'écrire au roi pour solliciter humblement l'autorisation de séjourner quelque temps à Paris pour se remettre des fatigues de son voyage. Louis-Philippe, dans sa bonté, lui envoya un aide de camp pour lui transmettre à elle et à son fils l'autorisation de séjourner à Paris et les inviter de venir *incognito* aux Tuileries : citons textuellement ici un fragment de la *Lettre sur l'histoire de France* (par le duc d'Aumale) au prince Napoléon. *Paris*, 1861 :

« Le lendemain du jour où le roi des Français avait
« donné audience à la reine Hortense, il y avait conseil des
« ministres. — Quoi de nouveau, Messieurs, dit le roi en
« s'asseyant? — Une nouvelle fort grave, sire, reprit le
« maréchal Soult; je sais, par les rapports de gendarmerie,
« que la duchesse de St-Leu et son fils ont traversé
« le Midi de la France (le roi sourit). — Sire, dit alors
« Casimir Perrier, je puis compléter les renseignements
« que le maréchal vient de vous fournir. Non seulement la
« reine Hortense a traversé le Midi de la France, mais elle
« est à Paris, Votre Majesté l'a reçue hier. — Vous êtes si
« bien informé, mon cher ministre, reprit le roi, que vous
« ne me laissez pas le temps de rien vous apprendre. —
« Mais moi, sire, j'ai quelque chose à vous apprendre. La
« duchesse de St-Leu ne vous a-t-elle pas présenté les
« excuses de son fils retenu dans sa chambre par une indis-
« position ? — En effet. — Hé bien! rassurez-vous, il n'est
« pas malade ; à l'heure même où Votre Majesté recevait la
« mère, le fils était en conférence avec les principaux chefs
« du parti républicain et cherchait avec eux le moyen de
« renverser plus sûrement votre trône. Louis-Philippe ne
« tint pas compte de cet avis ; mais les menées continuant:
« le ministre, un peu plus indépendant que ceux qui
« exposent aujourd'hui si clairement aux Chambres les

« intentions de votre cousin, prit sur lui de mettre fin au
« séjour à Paris de la reine Hortense et de son fils. »

Hortense et son fils reçurent l'ordre de quitter la France immédiatement et ils se rendirent à Londres, où il écrivit ses *Rêveries napoléoniennes*.

De retour en Suisse en 1835, il fit la connaissance d'un certain individu qui exerça une grande influence sur sa destinée : c'était M. Jean-Gilbert-Victor Fialin dit de Persigny, ensuite, dit le vicomte de Persigny, plus tard, dit le comte de Persigny et en 1863 titré duc de Persigny.

M. Fialin est un homme sans scrupule, capable de tout immoler à son ambition ; présenté à Louis-Napoléon en 1835, ces deux tempéraments s'accommodèrent de suite et le coup de main de Strasbourg fut résolu.

II.

Strasbourg. — Boulogne.

Les deux bandits d'accord, Fialin se mit à l'œuvre de suite, parcourut les villes d'eaux des bords du Rhin ainsi que l'ouest de la France, sous différents costumes, surtout celui de commis voyageur (rôle dans lequel il excellait) et raccola des partisans ; bref, le 30 octobre 1836, la mascarade se déploya de bonne heure ; le traître et paillard colonel Vaudray (1) harangua, trompa et débaucha son régiment (4ᵉ d'artillerie) ; Bonaparte, ridiculement affublé du costume historique de Napoléon Iᵉʳ et Fialin en celui d'un capitaine d'état-major, payèrent d'audace et de toupet, mais l'échauffourée échoua devant l'énergie du général Voirol et du lieutenant-colonel Talandier : cet officier énergique s'avança lui-même vers Louis Bonaparte et l'apostropha en ces termes : *Misérable polichinelle, comment osez-vous venir prêcher l'insurrection ici ?* « En une minute Bonaparte et
« les misérables qui avaient pris parti pour lui furent
« arrêtés et les décorations dont ils étaient revêtus
« arrachées. » *(Moniteur* du 2 novembre 1836). Ainsi finit cette ridicule expédition.

(1) Le colonel Vaudray, par convention stipulée d'avance, reçut pour récompense les faveurs de la belle Mme Gordon.

Fialin s'esquiva par une fenêtre et put se sauver en Allemagne : Pendant ce temps Louis et ses complices attendaient à la maison d'arrêt de Strasbourg que la cour de Colmar allait leur réserver ; mais Louis-Philippe, avec cette humanité et cette bonté dont il ne s'est jamais départi, fit extraire le prince Louis de la maison d'arrêt de Strasbourg, le fit conduire par un officier de gendarmerie à un port de mer et le fit embarquer pour les Etats-Unis sur un bâtiment de l'Etat. Cette grâce accordée au principal insurgé annulait en quelque sorte la culpabilité de ses complices, ils furent acquittés.

Au moment où l'on faisait embarquer Louis pour l'Amérique, Louis-Philippe lui fit remettre pour ses frais de voyage quinze mille francs. Dix-sept ans après, cet homme payait sa dette en dévalisant les fils et les petits-fils de ce roi duquel il avait accepté grâce et aumône.

Louis-Bonaparte, à peine eut-il touché barre aux Etats-Unis, qu'il se hâta de revenir en Europe ; au printemps de 1837 il débarquait en Angleterre, où se trouvait déjà accourus Fialin et autres aventuriers nullement découragés par l'ignominieux échec de Strasbourg. Mais pour tenter de nouvelles aventures il fallait des fonds et ses ressources étaient épuisées : il eut recours alors à une source provenant de *l'escroquerie la plus infâme.*

Il y avait à Londres, dans les bas fonds de la Bourse un industriel ayant nom Rapallo, gênois d'origine ; ce Rapallo avait lié connaissance avec l'un des principaux employés de l'échiquier Beaumont Smith, qui se trouvait lui-même plongé dans des embarras financiers. Rapallo lui conseilla de lancer dans la circulation des doubles de bons déjà émis, sauf à les racheter plus tard. Smith céda à la tentation, on lui arracha pour une somme énorme de faux bons de l'échiquier, sa situation devint inextricable, et il fut arrêté. Le *Morning-Post* dans sa feuille du 10 août 1840 raconte des détails sur cette sale affaire Rapallo et Smith. Rapallo fut le banquier de l'expédition de Boulogne, c'est lui-même qui fréta le navire. Beaumont-Smith fut condamné à la déportation à vie, Rapallo avait pris la fuite, une promesse d'amnistie lui fut faite s'il venait déposer et dire la vérité sur cette affaire et il vint en conter les détails : de ces détails il résulte que Bonaparte et ses complices ne se bornaient point à pousser le malheureux Shmith dans la voie de l'escroquerie, *ils se faisaient encore les escrocs d'un escroc, et dépouillaient le principal agent de leurs infamies.*

Rapallo loua à la Compagnie commerciale des paquebots à vapeur de Londres un bâtiment d'*Edimburgh-Castle*, sous le prétexte d'une partie de plaisir en mer. Le lundi 3 août 1840 l'on embarqua sur le bâtiment loué les armes, les munitions, les uniformes, les bagages des conjurés, les *chevaux* et *voitures* du Prince, et enfin une grande quantité de caisses de vin de Champagne et d'eau-de-vie (quand ce Marboroug s'en va-t-en guerre, il n'oublie jamais cet article), on se distribua les rôles et vogue la galère !

Le jeudi 6 août, à quatre heures du matin, la mascarade y compris l'aigle dans sa cage, débarqua sur la côte à 4 kilom. de Boulogne : le prince Louis se coiffa de son tricorne napoléonien, dans lequel on plaça un morceau de viande fraîche ; l'on ouvrit la cage et on lâcha l'oiseau ; l'aigle alléché par l'odeur de la viande, vint se placer au dessus de la tête du futur Napoléon III et la mascarade se dirigea vers Boulogne.

Nous n'entrons pas dans les détails de cette ridicule équipée dont tout le monde connaît le dénouement ; Napoléon après une tentative d'assassinat contre le capitaine Col-Puygellier, sur lequel il eut l'infamie de tirer un coup de pistolet à bout portant (il le manqua et la balle alla frapper à la figure le grenadier Geoffroy), fut arrêté ainsi que ses complices.

Voici quels étaient les principaux bandits qui l'escortaient :

Le général Montholon, le colonel Vaudray, le chef d'escadron Mésonan, le colonel Voisin, Bacchiochi, Fialin dit de Persigny (qui eut encore l'adresse de se sauver), le docteur Conneau, M. Lombard, M. Bataille, Bachon, Dalemberg, Napoléon d'Ornano, Forestier, de Querelles, etc.

La cour des Pairs, saisie de l'affaire, condamna par son arrêt du 6 octobre 1840 le prince Louis à la détention perpétuelle dans une forteresse du royaume, et ses complices à la détention de 5 à 20 ans; quatre furent acquittés.

Le prince Louis fut conduit au château de Ham. Par une attention aussi bienveillante que délicate, Louis Philippe permit au docteur Conneau, condamné à 5 ans de prison, d'être logé au château de Ham, où il pourrait veiller à la santé du prince et le distraire dans les loisirs de sa captivité.

III

Evasion de Ham. — Séjour en Angleterre. — Retour à Paris après la révolution de 1848.

C'est le 25 mai 1846, après cinq années et sept mois de captivité que Louis-Bonaparte s'évada du château de Ham sous le costume d'un maçon, nommé Badinguet, occupé aux réparations du château. — C'est de là que lui est venu le sobriquet *Badinguet*.

Il put gagner la frontière belge, ne fit que traverser la Belgique pour s'embarquer et il se hâta d'arriver à Londres.

Là, il mena, pendant les vingt-deux mois de séjour entre son arrivée et la révolution de février 1848, l'existence la plus précaire et la plus échevelée. Guidé par le comte d'Orsay, le roi du High-Life, il fit de rapides progrès sur la science des emprunts: car, malgré ses échecs, le prince aimait à mener joyeuse vie: aussi vivait-il dans un milieu de gens tarés et sans aveu : jugez-en par sa favorite.

Elise, qui plus tard a pris le nom de miss Howard, fille d'un marinier de la Tamise, prostituait ses charmes moyennant trois schlings sur les trottoirs de Londres. Un aventurier, escroc fort habile, Jack Fitzroi, acheta quelques heures à cette charmeresse publique; il la trouva merveilleusement douée dans l'art des Messalines; en réglant un peu cette imagination lascive, il en fit une Laïs propre à ses spéculations de joueur adroit et heureux.

Fitzroi venait de gagner à un pari quelques mille guinées ; aussitôt il achète deux chevaux fringants et un riche coupé. Elise, élégamment vêtue, faisait dans cet équipage des promenades à Hyde-Park; sa beauté attirait de nombreux galants autour d'elle. Sous l'inspiration de Fitzroi, la courtisane invitait ses adorateurs à des soirées où l'on jouait un jeu d'enfer et où les cartes bizeautées procuraient au maître du logis des bénéfices énormes

Louis Bonaparte était un des familliers de la maison Fitzroi. Coûte que coûte, il voulut aller à Cythère, Elise par sa résistance irritait les désirs du futur sire : Enfin Jack l'engagea à satisfaire une passion que n'arrêtait aucun sacrifice. En échange du paradis où sa Sirène le transporta, Louis-Bonaparte n'hésita pas à donner la dernière maison qu'il possédait.

Louis s'attacha irrésistiblement à l'ancienne raccoleuse et ne la quittait plus.

La révolution de février cependant réveilla l'ambition du héros de Boulogne et de Strasbourg. Il était ruiné, il boulottait en attendant partie. Noyé de dettes, il payait ses créanciers en pirouettes; on menaçait de le mettre en fourrière; il espéra se remplumer aux dépens de la France.

Miss Howard partagea son espoir; elle emprunta soixante mille francs sur la maison dont l'avait gratifié son amant. Avec cette somme et quatre mille livres sterlings prêtées par un riche tailleur anglais, M. Poole, de Londres; le chevalier du bâton, l'œil tourné vers son étoile, prit la route de Paris. Désormais la prostituée de Londres et le bâtard de Hollande sont unis par un indissoluble pacte : ils reprendront leur vie de Bohême si la fortune ne leur sourit pas, ou bien ils s'engraisseront des mêmes rapines si la France mord à l'hameçon de la redingote grise et du petit chapeau.

Admis à faire partie de l'Assemblée le 14 juin 1848, le prince Louis, au moyen de ses agents et de ses partisans, intrigua de tous les côtés. Stigmatisé du cachet d'un indicible ridicule par l'issue pitoyable des tentatives de Boulogne et de Strasbourg, il se tint sur la plus grande réserve et se condamna au mutisme le plus absolu, mais il était doué d'une grande finesse et d'une patience à toute épreuve et d'une absence de tout scrupule dans les moyens à employer.

Enfin, les élections générales ont lieu, et alors se présente un spectacle étrange. L'on voit voter à la fois pour Louis Bonaparte les légitimistes qui le considèrent comme un idiot et un point de transition pour arriver à une restauration ; les orléanistes par rancune contre la révolution ; les ouvriers de Paris en haine de Cavaignac qui les avait mitraillés, et enfin les campagnes qui croyaient à la résurrection du petit chapeau.

Cette coalition de toutes les mauvaises passions, de tous les instincts grossiers, de toutes les haines, s'est traduite le 10 décembre 1848, en 5,334,000 suffrages pour élever le bâtard de Hollande à la présidence de la République française.

Notre cadre étant trop restreint, et notre but n'étant pas d'écrire l'histoire de la présidence et de l'empire, nous nous bornerons aux faits et gestes anecdotiques du personnage, tout en indiquant seulement les dates et les actes de ces vingt ans de tyrannie.

IV.

Présidence. — Coup d'État. — Dictature.

> « Cet homme ne parle jamais,
> « et il ment toujours. »
> (Parole d'un de ses anciens ministres).

Le jeudi 20 décembre 1848, l'Assemblée constituante, composée de neuf cents membres, entre en séance. Au milieu d'un profond silence, le président Armand Marrast se leva, et, après une courte harangue constatant que Louis Bonaparte a réuni la majorité des suffrages, dit : Je vais lire la formule du serment. Ce moment eut quelque chose de religieux.

On vit alors entrer dans la salle et monter rapidement à la tribune un homme jeune encore, vêtu de noir, ayant sur l'habit (on ne sait pourquoi) la plaque et le grand cordon de la Légion d'honneur. — Toutes les têtes se tournèrent vers cet homme. — Un visage blême, à angles osseux et amaigris, un nez gros et long, de grosses moustaches, une mèche frisée sur un front étroit, l'œil sans clarté, l'attitude inquiète, nulle ressemblance avec l'Empereur : c'était le citoyen Charles-Louis-Napoléon Bonaparte. Après un moment de rumeur causée par cette entrée, Armand Marrast lit la formule de serment que voici :

« En présence de Dieu et devant le peuple français
« représenté par l'Assemblée nationale, je jure de rester
« fidèle à la République une et indivisible et de remplir
« tous les devoirs que m'impose la Constitution. »

Alors, toute l'assemblée faisant silence et recueillie, le citoyen Bonaparte, levant la main droite, dit d'une voix ferme et haute :

« JE LE JURE : TOUTE MA VIE SERA CONSACRÉE A L'AFFER-
« MISSEMENT DE LA RÉPUBLIQUE. »

Le naïf représentant Boulay (de la Meurthe) qui connaissait Louis Bonaparte dès l'enfance, s'écrie : *C'est un honnête homme, il tiendra son serment*. Le président de l'assemblée, toujours debout, reprit : « Nous prenons Dieu
« et les hommes à témoin du serment qui vient d'être
« prêté. L'assemblée en donne acte, ordonne qu'il soit
« transcrit au procès-verbal public et affiché dans la forme
« des actes législatifs. » *(Moniteur du 21 décembre 1848.)*

Hé bien, en prenant cet engagement solennel, il ment: car déjà il a résolu d'être parjure : cette République qu'il a juré de défendre, il s'applique à la démolir.. — L'édifice de 1848 est défait pièce à pièce : expédition de Rome, assassinat de cette république ; restauration d'un pape ; proscription de trente représentants ; rétablissement de l'impôt des boissons ; lois contre la presse, le colportage, contre les réunions, contre les associations, contre l'instruction publique, contre la garde nationale, et, enfin, mutilation du suffrage universel, tels sont ses DÉBUTS POLITIQUES pour affermir la République.

Dans cette guerre contre toutes les libertés, il a pour complice cette majorité réactionnaire que les élections du 13 mai 1849 amenèrent à l'Assemblée législative, où se pressent les déserteurs de tous les drapeaux, les traîtres de tous les régimes, les parjures de tous les serments : ennemis réciproques, mais alliés dans une haine commune de la démocratie parce qu'ils comprennent que son triomphe doit entraîner la suppression de leurs priviléges et soustraire le peuple à leur cupide exploitation.

Mais Louis Bonaparte, avec la fourberie dont il ne se départ jamais tout en poursuivant ses projets, s'applique à paraître inoffensif, et en toute occasion, proteste de son respect pour la constitution ; il multiplie ses tournées et ses voyages et à chaque réception, à chaque gare, vlan! un discours avec une phrase creuse à *effet* (son répertoire est plus complet que celui de Bilboquet), citons:

Le 22 juillet, à St-Quentin,.. *Je vous propose un toast en l'honneur des hommes qui sont déterminés, malgré leurs convictions, à respecter les institutions de leur pays.* Le 4 septembre suivant, à Caen : *Il serait bien coupable celui qui tenterait d'arrêter l'essor de la prospérité par le changement de ce qui existe aujourd'hui!* Le 31 décembre 1849 (à l'assemblée) : *Je veux être digne de la confiance de la nation en maintenant la constitution que j'ai jurée.* Et ailleurs : *La règle invariable de ma vie politique sera de faire mon devoir, rien que mon devoir...* et ensuite,... *Si la constitution renferme des vices ou des dangers, vous êtes libres de la modifier, moi seul je suis lié par mon serment!*

Pendant que ses mensonges et son hypocrisie parviennent à endormir la méfiance et à rassurer les esprits et à calmer les inquiétudes, Louis Bonaparte s'efforce de gagner l'armée; il s'habille en général, il passe des revues, il distribue des croix, il grise des escadrons et verse lui-même le vin aux soldats, et il cherche *surtout* à embaucher des généraux ; il prodigue l'or et les promesses.

Telle est la vie publique et politique de Louis Bonaparte pendant la présidence ; mais pénétrons un peu dans l'intérieur de l'Élysée et faisons assister le lecteur à ces festins intimes dont les échos s'ébruitaient dans tout Paris; nous retrouvons là tous les sacripans de Strasbourg et de Boulogne, les joyeux compagnons et compagnonnes de Londres et *tutti quanti ruffiani.* Citons, citons, car nous n'inventons rien.

« Un matin à dix heures, deux membres de l'Assemblée
« législative, si criminellement dissoute plus tard, se
« rendirent à l'Élysée ; ils voulaient recommander à la

« sollicitude du pouvoir exécutif le département de la
« Loire désolé par une terrible inondation. Dans l'anti-
« chambre se trouvaient Macq-Fialin-Bilboquet de Persigny
« et une matrone. Une demi-heure s'écoule ; enfin une
« porte conduisant aux appartements du maître s'ouvre ;
« il en sort une jeune fille âgée d'à peine quinze ans,
« sémillante et jolie ; son visage était animé ; elle s'appro-
« che de la matrone qui l'attendait. — Nos représentants
« échangent un sourire en suivant d'un *regard envieux* les
« deux femmes qui se retirent. On les introduit chez
« le prince ; il avait l'œil abattu, le teint mort. La jeune
« fille avait marqué là son passage.

« — Monseigneur, dit l'un des honorables, nous venons
« solliciter du pouvoir exécutif quelques bienfaits pour les
« malheureux que l'inondation de la Loire réduit à une
« affreuse misère.

« — Oh!...oui,... — fit le prince d'un air stupide, — oh!
« oui, une inondation !... j'en ai vu une en Suisse.... une
« inondation.—Après cet effort et cette spirituelle réponse,
« Louis Bonaparte se tut.

« On resta plus de dix minutes, sans obtenir une parole
« du prince. — Maq-Fialin essaya de masquer cet hébéte-
« ment, fruit du sacrifice qu'on venait d'offrir à Vénus....
« Oui, Messieurs, — murmura-t-il, — le prince tiendra
« compte de votre recommandation.

« — Oui, oui, — répéta notre abruti, je tiendrai compte
« de votre recommandation.

« Les représentants du peuple s'inclinèrent et sortirent ;
« M. Fialin les accompagna. — Eh! eh! dit l'un d'eux en
« clignant de l'œil, le président est un farceur, il sait
« dénicher les petites filles ; elle était charmante la friponne
« que la vieille attendait.

« Macq-Fialin, très discret sur ce chapitre, ne répondit
« rien à cela et revint aux inondés de la Loire ; dénicheur
« sans doute de cette enfant, il avait fait le guet pour que
« rien ne troublât les *sauts de l'étalon*, de l'étalon fourbu. »

Autre Anecdote. — Deux étrangers qui avaient connu
Louis Bonaparte à Londres quand il traînait la misérable

existence d'aventurier, furent admis aux impurs mystères des orgies présidentielles.

Il y avait là tous les initiés : les capitans qu'effraie l'ombre d'un péril, des marjolets de tout étage, des souteneurs de filles, des malandrins prêts à tout désordre, enfin une bande écumeuse et débauchée ; — il y avait encore des femmes apprivoisées, avec le vice qui, du reste, s'inocule vite en pareille compagnie.

Rien de ce qui peut flatter les sens n'était oublié ; d'innombrables bougies répandaient une lumière éclatante sur des vases pleins de fleurs et sur les plats entremêlés. Chacun des convives avait une de ces ribaudes à sa gauche ou à sa droite ; les vins les plus délicats se répandaient avec une profusion énorme.

Les coupes circulaient ; les vapeurs bachiques offusquèrent bientôt la raison et nos gouappeurs se livrèrent aux effrénements les plus déréglés.

Le président de la République française et de l'orgie s'écria, dans un transport que Bacchus inspirait : « Et ces « niais de l'Assemblée qui prennent maintenant leurs « vacances et leurs sots plaisirs bourgeois s'imaginent « qu'on renonce à une vie comme la mienne! Pendant « quelque temps encore je me remettrai sous le masque, « s'il le faut, je prétintaillerai des discours avec des mots « à effet ; je me donnerai un air prude ; des mots les « contentent, j'entretiendrai la musarderie de ces bavards « en leur débitant mon orviétan, et je poursuivrai mon but. « Ces nigauds se brûleront à ma chandelle, je les passerai « sous ma patte. Avant de quitter mon pachalick, *je les* « *ferai plutôt tous sauter et Paris avec eux.* »

De frénétiques bravos accueillirent cette promesse, et de nouveaux flots de vin coulèrent. — Puis cette bande de gueux ivres, *qui n'avait pas encore de châteaux à perdre,* s'en alla sous les arbres du Parc offrir d'impudiques sacrifices à la déesse *Volupia*. L'âme blasée du maître sembla un instant se ranimer sous les aiguillons de l'ivresse et de la volupté.

Le lendemain, le satrape fangeux *se remettait sous le masque et se redonnait un air prude.*

A une certaine époque, peu de représentants ignoraient que Bonaparte et ses ruffians avaient emprunté, pour varier leurs plaisirs, des femmes à un lupanar fameux. — L'imagination de M. de Sade pourrait seule concevoir toutes les aberrations de débauche qui souillèrent, ce soir-là, le salon présidentiel. — Les pensionnaires de la C.... se trouvaient en pays de connaissance ; les amis du *prince* sont tous routiers de mauvais lieux.

Peu à peu ces pauvres filles, sous l'influence de quelques *bonbons à la Sade*, s'excitèrent ; et, victimes d'une artificielle nymphomanie, s'emportèrent comme de vraies ménades.

Les libertins officiels, en se donnant cet innocent spectacle, se chargeaient d'un crime que la justice frappe. — Mais que venons-nous parler de justice !!!

Un officier, dont le dévoûment au prince ne connaissait point de bornes, fut jugé digne, quoique profane, d'assister aux mystères de l'Élysée ou de St-Cloud. Au sein d'une orgie crapuleuse, l'un des initiés disait en soupirant : Quelles délicieuses jouissances ! que ne puis-je les goûter sans cesse ! la fortune est bien ingrate ! — Si, au lieu de se donner à tant d'autres pékins, cette sotte aveugle se fût donnée à moi, je l'aurais magnifiquement traitée !

Sous l'épaisse moustache de Louis Bonaparte, un de ses hideux sourires passa, et croisant ses deux bras à la manière de Napoléon, le fils de la vertueuse Hortense parla ainsi : *Mon cher, un conseiller d'État représentait un jour à mon oncle que la modicité de son revenu ne lui permettait pas de vivre magnifiquement :* « *Eh bien ! lui répondit l'empereur, faites des dettes, vos créanciers seront intéressés à soutenir mon gouvernement. C'est un bon précepte, je vous le recommande.* »

— Hurrah ! hurrah ! crièrent en buvant une rasade à la santé du prince nos buveurs attablés, *Monseigneur* a trois fois raison.

L'officier était ébahi.

— Vive Dieu ! voilà, reprit l'aide de camp Fleury, voilà, je le jure, le vrai socialisme. Lequel de nous n'est pas socialiste ainsi ? Ne sommes-nous pas tous *perdus de dettes*, pour me servir de l'expression de nos stupides bourgeois, de ces hommes rangés qui ne savent pas jouir ? Nous avons une bonne et grasse mère, la FRANCE. Tirons sur elle des lettres de change, nous la forcerons bientôt à les acquitter.

Ce fut un tonnerre d'applaudissements : on remplit de nouveau les coupes et on les vida bravement en l'honneur de Fleury.

— Comme le disait fort bien Persigny, continua l'aide de camp fier de son triomphe, *nous n'avons pas de château à perdre.*

— Et nous pouvons en gagner, fit à l'unisson le chœur des Élyséens, et nous en gagnerons !

L'officier fermait l'oreille, il ne pouvait croire à tant de cynisme.

En aussi beau chemin, avec ces principes et cette morale, on ne s'arrête pas. Depuis qu'un succès inouï a couronné ses attentats et semble favoriser ses brigandages sans nom, Louis Bonaparte a résumé toute sa conduite par cette phrase de Caligula : *Sachez que tout m'est permis.* L'attitude lâche et rampante du peuple français exalta encore l'orgueil de cet homme, *qui se permit tout*.

Cependant, malgré les orgies de l'Elysée et de St-Cloud, Louis Bonaparte ne perdait pas de vue ses projets criminels. Déjà Changarnier, son plus dangereux et plus tenace adversaire, était vaincu et impuissant. L'Assemblée nationale, présidée par le lâche Dupin, n'osait rien tenter et perdait son temps en discussions stériles. Les ministères de complaisance se succédaient, ainsi que les revues arrosées de Champagne, aux cris de : Vive l'empereur !

L'on arrivait à la fin de novembre 1851 ; encore cinq mois et les élections générales auraient lieu. Louis Bonaparte serait remplacé comme Président de la République et comparaîtrait en police correctionnelle pour escroquerie des millions de la loterie des lingots d'or. Le coup d'Etat devenait urgent. L'ignoble Granier de Cassagnac lance dans le *Constitutionnel* un article furibond de menaces contre l'Assemblée, article dans lequel cet infect drôle osa dire à nos représentants : *les doigts de la police sont à deux pou-*

ces *de votre collet*. L'Assemblée traduit cet énergumène à sa barre et n'ose prendre aucune mesure énergique contre lui.

Là comme à Londres, il fallait de l'or ; on n'avait point de Rapallo sous la main, mais Bonaparte était passé maître en escroquerie : il vola tout simplement vingt-cinq millions à la Banque de France, et, par un rapprochement effronté, fixa cet exécrable attentat au 2 décembre, anniversaire de la bataille d'Austerlitz.

Louis Bonaparte a conçu l'idée du crime, Persigny et Morny en furent l'âme ; Fleury, St-Arnaud et Maupas en ont fourni le plan ; les Magnan, les Canrobert, les Espinasse et toute la tourbe des généraux véreux furent les exécuteurs et n'attendaint qu'un signal pour gagner le prix de la trahison dans le sang du peuple.

Le coup d'État débute par un guet-apens nocturne. Dès cinq heures du matin, les généraux Bedeau, Cavaignac, Lamoricière, Changarnier, Leflô, le colonel Charras et plusieurs représentants considérés comme les chefs naturels de la résistance, sont arrêtés à domicile et conduits à Mazas. Au même moment la police fait une razzia d'une centaine de citoyens dont on connaît l'énergie et dont on redoute l'influence sur le peuple. Enfin, à la même heure le colonel Espinasse s'est introduit par trahison dans le palais de l'Assemblée nationale et le fait occuper par son régiment ; les presses des journaux indépendants sont envahies ; partout sont affichés les décrets qui confisquent toutes les libertés publiques, et l'armée vient occuper les places, les rues, les boulevards qui bientôt sont hérissés de baïonnettes et de canons. Paris dort encore que déjà il est surpris, garotté, envahi et jeté en proie aux mouchards et aux prétoriens.

Cependant ces odieuses excitations à la guerre civile pouvaient ne pas suffire pour entraîner l'armée ; il était un moyen plus infâme encore de s'assurer son concours, et l'usurpateur n'hésita pas à l'employer. Dès le matin, il y avait à l'Elysée une table couverte d'or et de billets de banque ; c'est là que St-Arnaud et Magnan avaient touché chacun un million ; c'est là que Persigny avait pris 200,000 francs pour les porter au colonel Espinasse; c'est à cette caisse du crime que tous les traîtres sont venus toucher leur solde. Maintenant c'est le tour des simples soldats; chacun reçoit dix francs, puis on les excite à boire; l'orgie commence et l'ivresse du vin prépare l'ivresse du sang.

Dans la matinée, 230 représentants, appartenant presque tous à la majorité réactionnaire, étaient parvenu à se réunir à la mairie du 10ᵐᵉ arrondissement. Par un décret rendu à l'unanimité, l'Assemblée déclare Louis Bonaparte déchu de la présidence de la République et nomme le général Oudinot commandant en chef de l'armée de Paris. Mais bientôt des commissaires de police et des soldats pénètrent dans la salle, les représentants sont saisis au collet et entraînés au bas des escaliers. Dans la cour, le général Forey fait ranger en colonne, comme des forçats, les mandataires inviolables du peuple, les conduit entourés d'un triple rang de baïonettes, à travers les rues de Paris et les fait enfermer dans la caserne du quai d'Orsay, d'où ils sont enlevés le soir en voitures cellulaires et transférés au Mont-Valérien.

Cette première journée s'achève dans la surprise, le mépris et l'indignation; les représentants de la Montagne, libres, se répandent partout pour provoquer et organiser la résistance.

Le 3 décembre au matin, la première barricade s'élève à l'entrée de la rue Ste-Marguerite (faubourg St-Antoine), et quand la troupe paraît, plusieurs représentants s'avancent sans armes, revêtus de leurs écharpes; mais les chefs militaires ne connaissent que leur consigne féroce et commandent le feu; Baudin tombe jeté sanglant sur le pavé. Dans les quartiers St-Denis, St-Martin, faubourg du Temple et Belleville, des barricades sont également essayées, mais enlevées, faute d'armes pour les défendre.

La journée du jeudi 4 décembre commence, elle marquera parmi les plus sanglantes et les plus hideuses de l'histoire. La protestation des représentants sur les barricades des faubourgs a produit un grand retentissement; le peuple a réfléchi; les républicains ont eu le temps de se rejoindre; la résistance s'organise, des placards appellent aux armes; des barricades se dressent, le rappel est battu dans la banlieue, Paris se réveille et va déployer l'audace des grands jours. Partout retentissent les cris de vive la République! à bas Soulouque! Chacun exprime son indignation et son dégoût pour ce carnaval militaire qui depuis deux jours se promène par les rues en trébuchant dans l'ivresse « *c'est le coup d'état des insolvables!* s'écrie-t-on, c'est la révolution des escrocs!

Si la contagion du mépris public vient à gagner l'armée, c'en est fait du coup d'Etat. Déjà le Préfet de police tremble, Morny tourmente le télégraphe; à l'Elysée on parle de battre en retraite. Louis Bonaparte n'avait pas quitté l'Elysée, il était là seul, ordre était donné de ne laisser pénétrer auprès de lui que son aide de camp le général Roguet... Le général apportait des nouvelles de plus en plus inquiétantes. La dernière fois que le général entra ainsi de la sorte avec des mauvaises nouvelles, il était une heure. Louis Bonaparte se souleva à demi sur son fauteuil et dit avec calme au général en le regardant fixement : EH BIEN! QU'ON DISE A ST-ARNAUD D'EXÉCUTER MES ORDRES.

C'était le signal convenu de la tuerie monstrueuse qui va ensanglanter les boulevards et livrer le nom de Bonaparte à l'exécration du genre humain.

Empruntons un fragment, sur cette sinistre journée, à la plume de Victor Hugo :

« Le 2 décembre est un crime couvert de nuit, un cer-
« cueil fermé et muet, des fentes duquel sortent des ruis-
« seaux de sang »... entrouvons ce cercueil!

« Le 4 décembre « sans sommation » « l'armée se mit
« à fusiller le peuple à bout portant. Ce fut un moment si-
« nistre et épouvantable; les cris, les bras levés au ciel, la
« surprise, l'épouvante, la foule fuyant dans toutes les di-
« rections; une grêle de balles pleuvant de tous les côtés;
« en une minute, les morts jonchent la chaussée; l'hôtel
« Sallandrouze bombardé, la maison d'or mitraillée,
« Tortoni pris d'assaut; des centaines de cadavres sur le
« Boulevard, un ruisseau de sang rue Richelieu!!

« En présence de ces faits sans nom, moi qui écrit ces

« lignes, je le déclare, je suis un greffier, j'enregistre le
« crime ; j'appelle la cause. Là est toute ma fonction. Je
« cite Louis Bonaparte, je cite St-Arnaud, Maupas, Mor-
« ny, Magnan, Carrelet, Canrobert, de Cote, Reybell et
« tous leurs complices à la barre du monde civilisé !...
« Oui ! massacrer les Parisiens, traiter Paris en ville prise
« d'assaut, mettre à sac un quartier de Paris, assassiner
« la civilisation dans son sanctuaire, mitrailler les vieillards,
« les enfants et les femmes, dans cette grande enceinte,
« foyer du monde ! Ce que Wellington avait défendu à ses
« montagnards demi-nus, ce que Schwarzenberg avait
« interdi à ses croates, ce que Blücher n'avait pas permis
« à ses uhlans, ce que Platow n'avait pas osé faire faire
« par ses cosaques, toi, tu l'as fait faire par des soldats
« français, misérable ! »

Le lendemain 5 tout était fini, les troupes victorieuses paradaient sur les Boulevards.

Ainsi, un égorgement infâme, le massacre des passants, voilà ce que contenait la mesure du 2 décembre ; pour l'entreprendre il fallait être un traître, pour l'exécuter un meurtrier. L'Europe riait de l'autre continent en regardant Haïti, quand elle vit apparaître ce Soulouque blanc. Il y a maintenant en Europe, au fond de toutes les intelligences, une stupeur profonde, et comme le sentiment d'un affront personnel ; car le continent européen, qu'il le veuille ou non, est solidaire de la France, et ce qui abaisse la France, humillie l'Europe.

On ne saura jamais le nombre des victimes du monstrueux guet-apens des 2, 3 et 4 décembre. Les estimations varient entre 3 et 4 mille victimes, car ces horreurs ont été entourées d'obscurité, de silence et de mensonge. Le crime triomphant avait mis à la France un bandeau sur les yeux, un baillon dans la bouche.

Après le coup d'État, la dictature a duré une année entière, avant la proclamation de l'Empire. Louis Bonaparte pouvait alors amnistier et pardonner s'il eut été moins sanguinaire ; loin de là. Les proscriptions continuèrent, il appela cela *remettre la pyramide sur sa base*. Le 22 janvier 1852, décret de spoliation contre les princes d'Orléans ; en six mois *cent mille* républicains sont déportés à Cayenne; le 29 juin la tête de Charlet (l'un des héros de la résistance au coup d'Etat) tombait sous l'échafaud... De la clémence jamais, toujours du sang et de la boue!. Ecoutez encore Victor Hugo.

« Oh! cachons nos visages de nos deux mains. Cet homme,
« ce hideux boucher, avait encore les mains dans les
« entrailles fumantes de la constitution et les pieds
« dans le sang, quand vous, juges, quand vous, ma-
« gitrats, hommes du droit...? Mais je m'arrête, je vous re-
« trouverai plus tard avec vos robes couleur d'encre et
« vos robes couleur de sang!!! je les ai déjà châtiés et je
« les châtierai encore, ces juristes, souteneurs de guet-
« apens, ces prostitués, ce Delangle, ce Baroche, ce Rou-
« her, ce Troplong, déserteurs des lois, tous ces noms qui
« n'expriment plus que la quantité de mépris possible à
« l'homme. »

« *Nous ferons semblant de ne pas voir* disent les ma-
« gistrats ; vous êtes des insolents, réplique l'homme *pro-*
« *videntiel*. Détourner les yeux c'est m'outrager. J'entends
« que vous m'aidiez; juges, vous allez aujourd'hui me féli-
« citer, moi qui suis la force et le crime, et demain ceux
« qui m'ont résisté, ceux qui sont l'honneur, le droit, la
« loi, vous les jugerez, et vous les condamnerez.

« Les juges inamovibles baisent sa botte et se mettent à
« instruire l'*affaire des troubles.*

« Pardessus le marché ils lui prêtent serment.

« Alors il aperçoit dans un coin le clergé doté, doré, crossé,
« et il lui dit : Ah! tu es là, toi archevêque! viens ici, tu
« vas me bénir tout cela.

« Et l'archevêque entonne son *Magnificat.* »

V.

L'Empire. — Sa chute.

> « Prenez cinquante grains d'un Grec
> « du Bas-Empire, cinquante grains
> « d'un Italien du temps des Borgia,
> « pilez et mêlez tout, et vous aurez
> « Napoléon III. »
>
> (Notes d'un ancien ministre du même Napoléon III.)

Notre cadre est trop restreint, et le champ d'ignominies est trop vaste pour entreprendre l'histoire, *même abrégée*, du deuxième empire ; du reste, ce n'était que la biographie du personnage que nous avions en but, et ici le personnage disparaît devant le système. Nous ne donnons donc qu'un aperçu sommaire des actes de l'empire.

C'est le 2 décembre 1852, anniversaire du coup d'État que l'empire a été proclamé. L'Europe le reconnaît avec méfiance, malgré le discours de Bordeaux. En effet, Sa Majesté Badinguet Ier, après avoir demandé la main d'une princesse de la famille impériale russe, puis d'une Hohenzollern, éprouve deux refus humiliants de l'empereur de Russie et du roi de Prusse, il en garde une profonde rancune et se dédommage en épousant la petite-fille de l'épicier Kirpatrick. *A bon chat bon rat* : les deux alliances se valaient, les deux noblesses se valaient. Son mariage avec Eugénie de Montijo fut célébré le 30 janvier 1853, et le prince de Camerata, cavalier servant de la belle Eugénie, mourut de mort violente, un mois après.

Napoléon saisit à la hâte en 1853 un prétexte pour se brouiller avec la Russie, — prétexte dit des saints lieux, qui lui étaient bien indifférents, — mais il fallait venger l'affront du refus de la main de la princesse russe ; il entraîna l'Angleterre dans sa querelle et signa avec elle un traité d'alliance (le 18 avril 1854). On sait ce que nous a coûté cette expédition de Crimée, en hommes et en écus, pour arriver à un résultat bien mince, mais pour arriver surtout à mystifier l'Angleterre sans motif, — que voulez-vous ? — l'habitude de mentir et de recourir à la fourberie !... La paix se signa par le traité de Paris 1856. — On compta ses pertes, mais on se dédommage en persécutant à l'intérieur !

Pendant cette année, l'empire eut le bonheur de voir venir au monde un petit prince, le 18 mars 1856. La chronique scandaleuse de l'époque attribua la naissance de ce petit héritier à une origine étrangère ; mais rien ne peut le prouver ni l'infirmer. — Entre de pareils époux et au milieu de tels mœurs, du reste, on n'avait pas besoin de se gêner.

Après la guerre de Russie, la guerre d'Italie, guerre commencée sous d'heureux auspices,... et terminée par le traité de Zurich (10 novembre 1859),... mais guerre imprévoyante malgré ses succès et qui, cinq ans plus tard, enfantait la campagne d'Allemagne et Sadowa. Vient, trois ans après, la guerre du Mexique dont l'unique but était d'extorquer à Juarez le paiement de la créance usuraire de 75 millions due au banquier Jecker et achetée par de Morny 4 million 500 mille francs ; eh ! pour faire rentrer cette somme dans les caisses de ce gredin impérial, la France a dû sacrifier 50,000 hommes, 750 millions, et (comme on dit vulgairement) *remporter sa veste*.

-Passons l'éponge, ce serait trop long de tout énumérer ; arrivons à ce ministère du 2 janvier 1870.... à cette fatale déclaration de guerre du 29 juillet 1870, et enfin à la honteuse et monstrueuse capitulation de Sedan.

Français, êtes-vous convaincus maintenant que depuis vingt ans la France était gouvernée par une bande d'aventuriers et d'escrocs ? êtes-vous convaincus que la magistrature impériale était la plus vile des magistratures ? que les Delesvaux, les Corbier, les Bernier, les Chaix d'Estange et les Devienne et les Grandperret étaient encore plus pourris et plus vendus que les magistrats de la présidence ? Êtes-vous convaincus que les généraux de boudoir, les Lebœuf, les Failly, etc, valent moins encore que les Magnan, les St-Arnaud et les Vaudray (ceux-là au moins, s'ils étaient des capitans d'aventures, avaient du nerf) ?

Que Dieu et la République sauvent la France. Nous avons expié nos fautes, nous avons fait 20 ans de *Napoléon forcé !* Non la France ne peut pas périr !

Lyon, Imprimerie Storck.

EN VENTE :

Biographie de la Femme de César

IMPÉRATRICE DES FRANÇAIS

SOUS PRESSE

BIOGRAPHIES :

Princesse Mathilde

Pierre Bonaparte

Général Fleury

Princesse de Solms.

Comte de Morny

Plon-Plon

etc., etc., etc.

www.ingramcontent.com/pod-product-compliance
Lightning Source LLC
Chambersburg PA
CBHW060610050426
42451CB00011B/2180